GUTENBERG

La revolucionaria imprenta de tipos móviles

Por Sébastien Afonso
Traducido por Marina Martín Serra

Historia en50MINUTOS.es

GUTENBERG Y LA IMPRENTA DE TIPOS MÓVILES

- **¿Nacimiento?** C. 1399 en Maguncia (Alemania).
- **¿Muerte?** El 3 de febrero de 1468 en la misma ciudad.
- **¿Principales aportaciones?** La creación de la tipografía y de los caracteres metálicos móviles utilizados en la impresión.
- **¿Repercusiones de su invento?**
  - Revoluciona la forma de producir los libros.
  - Se acelera la circulación de los textos y de las ideas.

Todo el mundo ha oído hablar alguna vez de Gutenberg, y con razón: gracias a sus trabajos sobre la imprenta, cambió el curso de la historia europea. Sin embargo, en la práctica, su figura sigue siendo desconocida, casi legendaria, y su biografía está rodeada de sombras, puesto que hay poca documentación relacionada con él: solamente se tiene constancia de 36 documentos anteriores a su muerte. La mayor parte de estos archivos son particularmente áridos, llenos de lagunas, por lo que están sujetos a múltiples interpretaciones, dando pie a alegaciones totalmente extravagantes: por ejemplo, algunas niegan que la invención de la imprenta fuera suya y otras lo presentan como un usurpador que habría explotado un proceso que otros inventores habrían implementado antes que él.

Los pocos materiales impresos que han llegado a nuestros días son lo único que puede darnos pistas para intentar arrojar luz sobre las sombras que rodean al personaje. Sin embargo, el camino sigue estando lleno de obstáculos puesto que ninguno de los libros procedentes de su taller lleva su nombre ni su dirección, ni tan solo la famosa «Biblia de 42 líneas», bautizada así por el número de líneas que componen cada una de sus páginas. Estas investigaciones, aunque no han revelado todos los secretos de fabricación ni las vicisitudes de la implementación de la invención, han permitido acercarse al genio de Johannes Gutenberg y a sus incertidumbres.

CONTEXTO

LA SITUACIÓN ECONÓMICA DE EUROPA EN EL SIGLO XV

En el siglo XV Europa pasa por una fase de transición, marcada por un periodo de recuperación económica y humana. A partir de finales de siglo se produce un crecimiento demográfico que en parte atenúa los estragos de la peste negra del siglo precedente. La recuperación económica acompaña esta coyuntura favorable.

Mientras se refuerzan las redes urbanas y el comercio, el auge del capitalismo permite que los técnicos y los inventores puedan disponer de los fondos necesarios para la consecución de sus investigaciones. Aunque cuesta establecer vínculos directos entre las transformaciones económicas y la innovación, la sociedad de la cuenca renana en la que se enmarca la vida de Johannes Gutenberg está sumida en un contexto marcado por gran cantidad de evoluciones técnicas, así como por un capitalismo monetario y financiero floreciente.

LAS CONDICIONES TÉCNICAS DEL DESCUBRIMIENTO

Aunque nadie discute que la imprenta que utiliza tipos de plomo fue elaborada por Johannes Gutenberg, hubo otros hombres que llevaron a cabo investigaciones similares, como Procope Waldfoghel (impresor germánico, fallecido en 1446) o Laurens Coster (impresor holandés, c. 1405-c.

1484). Así pues, el descubrimiento y los avances que implica parece que están de moda en la época.

Existe otra hipótesis sobre el origen de la imprenta europea: algunos afirman que la técnica se habría importado de Extremo Oriente. De hecho, los chinos y los coreanos habían desarrollado la impresión con tablas xilográficas (proceso de impresión en papel que utiliza planchas de madera grabadas) y la impresión con tipos móviles (de madera, cerámica o cuero) varios siglos antes que los europeos.

Si dejamos a un lado su espectacular impacto —sobre todo en la difusión del conocimiento— para concentrarnos solamente en los aspectos técnicos, la imprenta propiamente dicha no es una innovación revolucionaria: más que estar fundada en un avance científico totalmente innovador, es una invención de síntesis que se basa en otros procedimientos preexistentes, una compilación de múltiples técnicas artesanales y de conocimientos empíricos. Pero la originalidad de la tipografía reside sobre todo en la articulación de las técnicas: el trabajo del metal, la composición del texto mediante los tipos móviles y el uso de la imprenta.

Asimismo, el uso cada vez mayor del papel es una condición indispensable para el desarrollo de la imprenta. Desde el siglo XIII, su uso se generaliza y satisface una demanda en aumento que no queda cubierta solamente con el pergamino (hecho a partir de piel de animal tratada). La primera área de producción de papel es Italia, en contacto permanente con el mundo bizantino y el mundo árabe-musulmán, seguida por España y Francia. En el centro de Europa y en Renania, sede de la invención de Johannes Gutenberg, el papel producido todavía es de mala calidad.

EL LIBRO Y LA DIFUSIÓN DE LA ESCRITURA

La reproducción mecánica de los libros conlleva una revolución capital, que a su vez se suma a otros grandes avances en el libro, tanto a nivel de la forma como del soporte.

En primer lugar, hay que precisar que el libro no se puede identificar según su técnica de producción. Antes de la invención de la imprenta ya existen los libros, con o sin ilustraciones. En ese momento, los escribas se encargan de transcribir los textos que se les confían para realizar libros, o simplemente de copiar obras ya existentes. Sus técnicas de trabajo sufren varias transformaciones, aceleradas en gran parte por el recurso a la letra cursiva, más fácil de descifrar, y por la copia de cuadernos separados que permiten que la obra ya no quede totalmente inmovilizada. Asimismo, con el tiempo también mejora la presentación de los textos. El manuscrito se dota de sistemas de seguimiento que facilitan en gran medida el trabajo de los copistas, pero también la lectura: aparece la numeración de las hojas, de las columnas y de las líneas, así como las remisiones y los índices, perfeccionamientos que más tarde configurarán el aspecto del libro moderno. Hay que relacionar estos progresos con la evolución de la lectura, que se desarrolla en el siglo XIII, y la progresiva sustitución de la práctica tradicional de la lectura en voz alta por una lectura visual y silenciosa que es posible gracias a la separación de las palabras.

Evidentemente, la demanda de libros también tiene un papel primordial en el nacimiento de la invención. Los escritos ocupan un lugar cada vez más importante en la sociedad, y su empleo se generaliza cada vez más en el siglo XV. Sin embargo, aunque más adelante el invento tendrá un papel muy importante en la difusión de los conocimientos, no parece que en un primer momento haya querido responder a exigencias intelectuales. Así pues, la hipótesis de un humanismo dominante no explica la invención de la imprenta. De hecho, en un primer momento, la Iglesia será el principal cliente y proveedor de textos para los impresores.

A pesar de que la invención de la imprenta se produce con un conjunto de condiciones coyunturales, técnicas y culturales favorables, el nacimiento del nuevo medio no es ineluctable, y no puede comprenderse su aparición sin las investigaciones llevadas a cabo por su inventor de Maguncia.

BIOGRAFÍA

Retrato de Gutenberg.

UNA JUVENTUD RODEADA DE MISTERIO

Johannes Gutenberg —cuyo verdadero nombre es Johannes Geinsfleisch zur Laden— nace en Maguncia alrededor del año 1399 en una familia que forma parte del patriciado de la ciudad. Su padre Friel (fallecido en 1419) es orfebre de profesión. Sin embargo, también se ocupa del comercio de telas —que constituye uno de los pilares económicos de la ciudad— y pertenece a la cofradía de la Casa de la Moneda, una élite encargada de supervisar la producción monetaria del arzobispado. Johannes Gutenberg es el pequeño de tres hermanos, fruto del segundo matrimonio de su padre con Else Wirich (fallecida en 1433).

Se sabe muy poco acerca de su educación. Se tiene constancia de que en 1418, un tal Johannes de Alta Villa, que se ha identificado con él, se inscribe en la universidad de la archidiócesis de Maguncia en Erfurt. Alrededor de 1419-1420 se diploma y se produce la defunción de su padre. Sin embargo, se desconoce qué formación cursó, pero todo apuntaría a que se formó en el trabajo de los metales.

Alrededor de 1430, Johannes Gutenberg deja Maguncia: igual que ocurrió anteriormente con su padre, se ve obligado a exiliarse como consecuencia de luchas recurrentes por la gestión de los asuntos públicos entre el patriciado oligárquico, los artesanos y los nuevos comerciantes, organizados en corporaciones. A pesar de que rápidamente se concluye una tregua que le permitiría volver a la ciudad, elige alargar su estancia en Estrasburgo, donde a partir de 1434 pasará diez años ejerciendo de orfebre en el suburbio de Saint-Arbogast.

LA ETAPA EN ESTRASBURGO

La estancia de Johannes Gutenberg en Estrasburgo ha provocado divisiones en varias generaciones de especialistas, que no se ponen de acuerdo sobre la naturaleza y la interpretación de los trabajos que el alemán llevó a cabo en la ciudad.

Entre 1436 y 1439, Gutenberg se asocia con tres estrasburgueses para explotar procedimientos industriales que les ha enseñado en secreto a cambio de una remuneración. Andreas Dritzen, uno de ellos, muere durante las investigaciones, y sus herederos le piden a Gutenberg que nombre a un sustituto; finalmente, la situación desemboca en un conflicto judicial en 1439. Gracias a los documentos de la instrucción, se ha podido saber que las investigaciones de Johannes Gutenberg estaban relacionadas con tres objetivos distintos: el pulido de piedras, la fabricación de espejos y finalmente un «nuevo arte».

¿ESPEJOS?

Para la producción de espejos encastrados en un marco hecho en un molde, destinados a ser vendidos a los peregrinos de Aquisgrán, se deben dominar las técnicas del trabajo del metal. Estos objetos, fabricados en serie, tienen una composición que puede vincularlos con lo que más tarde será la tipografía con tipos móviles.

El propósito de esta nueva actividad sigue siendo un secreto, aunque se sabe que implica el uso de una prensa. Algunos deducen que los documentos de la instrucción hacían referencia, en términos sibilinos, a experiencias tipográficas precoces. Sin embargo, no hay ninguna prueba material que sostenga esta hipótesis.

Después de esto, la estancia de Johannes Gutenberg en Estrasburgo se ve marcada por otros procesos que demuestran su personalidad iracunda, entre los que destaca uno por ruptura de compromiso de matrimonio entablado por una patricia, y otro por insultar a un zapatero.

EL REGRESO A MAGUNCIA Y LAS PRIMERAS PRODUCCIONES

El rastro de Gutenberg se pierde entre 1444 y 1448, pero más tarde se vuelve a encontrar en Maguncia, en su casa natal. Entonces, empieza a tratar con Johann Fust (c. 1400-1466), representante de una rica familia negociante en la ciudad con negocios en Núremberg. Este último financia las investigaciones del inventor, pagándole 800 florines en 1450. Entretanto, se asocia con ellos Peter Schöffer (c. 1425-1502/1503), copista y antiguo estudiante en el Colegio de la Sorbona que se convertirá en el yerno de Johann Fust. Dos años después, se invierte una nueva suma de dinero en la empresa. Probablemente, el objetivo es financiar la fabricación del primer gran libro europeo, la Biblia de 42 líneas o Biblia de Gutenberg, en la que el impresor trabaja por lo menos durante tres años.

¿SABÍAS QUE...?

La Biblia no constituye el primer trabajo impreso de Gutenberg. En efecto, existen algunos fragmentos materiales de experimentos llevados a cabo con anterioridad, como el *Libro de las sibilas* o *Sibyllenbuch*, así como varias ediciones de la gramática latina de Donato (gramático latino, siglo IV), un calendario y una tabla planetaria astrológica. Probablemente, estos vestigios son anteriores al primer documento fechable impreso en Maguncia: la carta de indulgencia —llamada de Chipre—, con 31 líneas, cuyos ejemplares fueron distribuidos a partir de 1454.

La famosa Biblia de 42 líneas aparece probablemente en 1455. Parece que se habrían impreso 180 ejemplares de los dos volúmenes que la forman, y una treintena de ellos se habrían elaborado sobre pergamino. Todos los ejemplares se encargan y se venden incluso antes de haber sido impresos.

Extracto del Génesis de la Biblia de 42 líneas de Gutenberg.

DE LA IMPRESIÓN DE LA BIBLIA
A LA DESAPARICIÓN DEL INVENTOR

El negocio, aunque obtiene un gran éxito comercial, encuentra problemas presupuestarios. La nueva actividad resulta necesitar un capital muy elevado, y la asociación se hunde rápidamente. A partir de 1455, un proceso enfrenta a Johann Fust contra Gutenberg: el financiero sospecha que el inventor ha utilizado una parte del dinero de la empresa para sus producciones personales, y reclama el reembolso de los intereses de los cerca de 1550 florines que inyectó en el negocio. A pesar de eso, Johannes Gutenberg continúa su trabajo solo, mientras que Fust y Peter Schöffer abren un taller que le hace la competencia.

Gutenberg conserva una parte de su material y continúa trabajando en Maguncia, donde se ocupa de la publicación de libros populares, entre los cuales destaca un calendario de sangrías y una bula contra los turcos. Parece que deja de imprimir alrededor del año 1458, ahogado por las deudas. Con la toma de Maguncia por Adolfo II de Nassau (príncipe elector de Maguncia, 1422-1475) en 1462, el inventor vive retirado beneficiándose de la protección del arzobispado. Muere en 1468 en Maguncia y es inhumado en la iglesia de los franciscanos, que hoy en día ya no existe porque fue destruida.

LA INVENCIÓN DE LA IMPRENTA DE TIPOS MÓVILES

La trayectoria de la invención se ha podido trazar a partir de los resultados obtenidos y de los desarrollos ulteriores del arte tipográfico. El análisis minucioso de los primeros trabajos impresos por Johannes Gutenberg y de su famosa Biblia revela que el descubrimiento es la culminación de investigaciones pacientes y costosas.

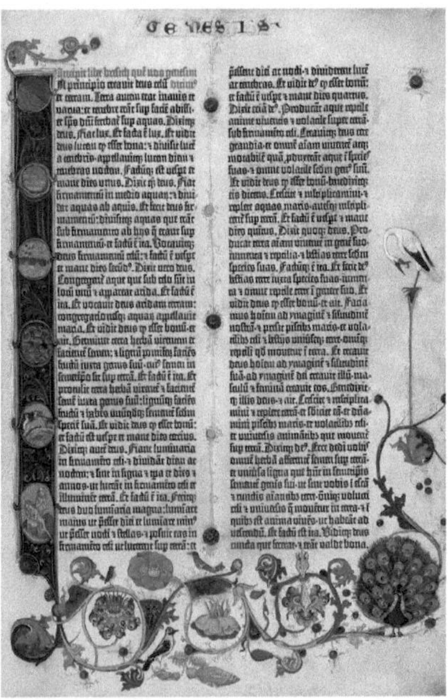

Gutenberg inventant l'imprimerie (Gutenberg inventando la imprenta), cuadro de Jean Antoine Laurent, 1831.

LA FUNDICIÓN DE LOS CARACTERES TIPOGRÁFICOS

Los componentes esenciales del invento de Gutenberg abarcan la fundición de los tipos —o caracteres— y la técnica metalúrgica que permite su fabricación en serie. El dibujo de cada tipo se graba primero en relieve y al revés sobre una pieza metálica, para formar un punzón. El punzón se golpea con un martillo en un metal blando, para formar un dibujo en contrarrelieve, es decir, una matriz. A continuación, esta se utiliza en la fundición para producir tipos con la misma altura.

Antes de lograr un resultado óptimo, el impresor tiene que resolver el problema de las aleaciones. No se sabe con certeza cuáles fueron los metales empleados inicialmente para crear los punzones, las matrices y los tipos. Sin embargo, es probable que para la fabricación de los tipos Gutenberg combinara una aleación de plomo, de estaño y de antimonio, en proporciones que se desconocen. Los punzones de acero aparecen y se generalizan de un modo muy progresivo, igual que las matrices de cobre. Peter Schöffer habría sido el primero en utilizar ambos metales.

 Tipos móviles de metal.

Un proceso sin cambios durante mucho tiempo

El proceso de fabricación de las matrices apenas cambia hasta finales del siglo XIX, cuando el grabado directo de las matrices en el pantógrafo (máquina para grabar los tipos con gran precisión) suprime la doble etapa del grabado manual y de la acuñación.

Durante las primeras pruebas, varios indicios apuntan a la modificación del programa editorial de la Biblia durante su elaboración. Johannes Gutenberg habría comenzado a trabajar en un libro de 36 líneas por página. Sin embargo, el hecho de que cada página tuviera tan pocas líneas habría multiplicado el número de hojas, lo que habría desembocado en un coste del papel y del pergamino demasiado alto. Entonces, Gutenberg habría descartado esta primera prueba para centrarse en una Biblia de 42 líneas, a pesar de que para ello fuera necesario fundir nuevos tipos más pequeños, con un aumento significativo del coste financiero de la impresión.

LA PRENSA TIPOGRÁFICA

La nueva técnica de impresión desarrollada por Gutenberg utiliza la prensa tipográfica, que se adapta y deriva de las máquinas existentes. Por desgracia, no se sabe nada de la prensa utilizada, ya que las primeras representaciones de talleres datan de finales del siglo XIV. Sin embargo, se supone que combinaba un movimiento vertical con uno horizontal: la forma se posicionaba primero en el mármol, y luego se colocaba a mano debajo de la platina que ejerce la presión. Esta última se accionaba verticalmente por medio de un tornillo y una barra. En cada presión, había que humedecer una hoja en la que se iban a imprimir los tipos, y colocarla sobre la forma. Se estabilizaba el conjunto y a menudo la máquina se apuntalaba en el techo de la sala. Se estima que hubo que realizar cuatro prensas para producir las 180 copias de la Biblia, operadas por una docena de prensistas.

A mediados del siglo XVII la máquina experimenta las primeras innovaciones. Entonces, existen varios tipos de prensa. La prensa holandesa acelera la impresión mediante un mecanismo que utiliza los contrapesos y que permite elevar automáticamente la platina, evitando tener que desenroscarla durante cada impresión. El segundo cambio importante tiene su origen en Basilea: se trata de la prensa de Hass, que adopta su nombre del librero e impresor que la habría inventado. Esta vez, la forma se coloca en un carro móvil, accionado por una cremallera (barra metálica provista de muescas accionada por una manivela), que permite presentar bajo la platina una nueva hoja antes de cada presión. A pesar de estas innovaciones que mejoran especialmente la presión y la buena disposición de la hoja, la técnica desarrollada por Gutenberg se mantiene sin cambios hasta el inicio de la Revolución Industrial (segunda mitad del siglo XVIII).

COMPOSICIÓN E IMPRESIÓN DEL TEXTO

Grabado de madera de Jan van der Straet que representa un taller de impresión en el siglo XVI.

La composición es una de las principales operaciones de la fabricación de un libro. Una vez se ha establecido y calibrado el texto, se forma a partir de un manuscrito o de una edición existente, que recibe el nombre de ejemplar. El ejemplar se desencuaderna y sus hojas se colocan en un soporte en forma de atril (o *visiorum*) encima de la caja (cajón de madera que contiene todos los tipos). La Biblia de 42 líneas, en dos volúmenes infolio, todavía hoy es admirada por la belleza del papel y de los caracteres tipográficos empleados, así como por la perfección de la maquetación de las páginas en dos columnas, por la exactitud de la justificación y por el cuidado en toda la realización.

El compositor, colocado en frente de la caja, reúne los caracteres letra a letra, y luego línea a línea en un compostador previamente justificado, que precisamente dispone de la longitud de línea deseada, de modo que las líneas sucesivas forman un bloque. Las palabras se separan por espacios. Puesto que en general las líneas no están llenas, se debe calibrar y rellenar el conjunto. A continuación, las líneas se colocan una tras otra en una tabla llamada galera hasta que forman una página, que a su vez se une y se dispone en la forma tipográfica que agrupa a todas las páginas en un marco. Esta operación se llama imposición.

Los investigadores analizaron el trabajo llevado a cabo para la edición de la Biblia de Gutenberg y descubrieron que no había un solo compositor, sino seis: se dieron cuenta de que los mismos errores ortográficos se repiten constantemente en algunas hojas, mientras que en otras son inexistentes. Asimismo, el espacio entre las dos columnas de texto no es uniforme en todo el libro, lo que sugiere que se trata de un trabajo en equipo.

LA IMPRESIÓN

La impresión propiamente dicha requiere por lo menos la presencia de dos trabajadores. El marginador entinta la forma con balas y, a continuación, instala la hoja en blanco. Su posicionamiento debe hacerse con gran precisión, para que la parte delantera y trasera queden perfectamente superpuestas. Entonces, el prensista acciona un tornillo central mediante una barra que asegura una presión vertical mientras se empuja el carro sobre el que se baja la platina.

Se ha calculado que cada uno de los volúmenes en vitela de la Biblia de Gutenberg, cuyas 340 páginas miden 42 centímetros por 62, habría requerido 170 pieles. Así pues, se habrían necesitado 15 000 pieles para el centenar de ejemplares realizados.

La tinta que se emplea tradicionalmente en la imprenta es grasa. Algunas investigaciones recientes han demostrado que originalmente contenía cantidades significativas de plomo y de cobre. Sin embargo, a partir de 1473, desaparece cualquier resto de metales. Algunos historiadores, asistidos por físicos, analizaron la tinta de la Biblia de 42 líneas usando un ciclotrón (acelerador de partículas). Los resultados demostraron que la tinta utilizada era idéntica a la usada en algunas de sus primeras publicaciones, lo que permite atribuirle su autoría con más seguridad. Además de plomo, contenía titanio (un elemento que no se aisló hasta 1791), cobre y también cerusa, que acelera el secado.

El análisis de la tinta también permitió construir la línea temporal de la fabricación de la Biblia. Parece que Gutenberg utilizó 294 botes de tinta distintos, que se corresponderían con el mismo número de días de trabajo. Teniendo en cuenta los días festivos en Renania, la impresión habría durado unos 13 meses.

LA DIFUSIÓN DEL PROCESO REVOLUCIONARIO

La difusión del invento es lenta durante los 15 primeros años que suceden a su creación. El proceso se mantiene relativamente en secreto y concentrado alrededor de Maguncia, con la excepción de la aparición de talleres de impresión en Harlem y en Estrasburgo alrededor de 1458-1459. La situación evoluciona después del asedio de la ciudad episcopal en 1462, que provoca la dispersión de los antiguos compañeros de Gutenberg, que se van a buscar fortuna a otro lugar. De 1465 a 1475, el ritmo de la difusión de la imprenta se acelera, hasta el punto de que cerca de 60 nuevas ciudades repartidas por toda Europa llegan a poseer por lo menos un taller de imprenta. Así pues, a Maguncia le salen competidores: se trata de otros centros más poderosos, como Núremberg, Colonia o Estrasburgo, y finalmente de grandes ciudades extranjeras, como Venecia y París. Alrededor de 1475, se han impreso y distribuido cerca de 1000 ediciones. Durante este cuarto de siglo aparecen los oficios de la imprenta y la edición, que están estrechamente vinculados.

Hacia el año 1500, toda Europa está implicada: de 240 a 270 ciudades tienen ya una prensa. La producción de incunables (nombre que reciben las impresiones realizadas antes de 1501) se concentra principalmente en Italia (40 %) y en Alemania (31 %), seguidas de Francia (16 %) y los antiguos Países Bajos (9 %). Aunque durante el siglo XVI la copia manual sigue siendo una realidad, el libro impreso se ha vuelto un objeto común de la cultura literaria.

REPERCUSIONES

LA RECEPCIÓN DE LA IMPRENTA

Aunque los contemporáneos de Gutenberg tuvieron la sensación de vivir una verdadera transformación intelectual y cultural, en un primer momento la recepción del invento fue moderada. Los testimonios muestran una mezcla de entusiasmo y de miedo: la idea de poder multiplicar los ejemplares más rápido y con un coste más bajo seduce a más de uno, pero algunos humanistas temen que las ediciones presenten una calidad más baja, puesto que hace falta muy poco tiempo para fabricarlas. Asimismo, otros también hacen hincapié en la negativa de ver la cultura a disposición de todos.

EL LIBRO IMPRESO, UN OBJETO QUE SE HA VUELTO CLÁSICO

Durante los años subsiguientes a la elaboración de la tipografía, los libros conservan la misma apariencia que los manuscritos: puesto que el libro impreso se emancipa de sus formas de manera progresiva, durante un tiempo sigue reproduciendo las del manuscrito. El espacio de la página, los sistemas de seguimiento y de identificación y la escritura por sí misma no adoptarán nuevas figuras hasta principios del siglo XVI. La evolución más significativa incumbe a la ilustración, que ahora se graba en madera, lo que permite asociar imagen y texto.

Sin embargo, el invento de Gutenberg cambia de forma

radical el ritmo y la escala de producción de los libros, modificando a cambio su sistema de producción, su precio y el horizonte de los lectores. A principios del siglo XVI, el libro impreso se ha vuelto habitual, hasta el punto de que la gente lo prefiere al manuscrito: se estima que a finales del siglo XV se imprimieron de 10 a 15 000 textos distintos, con tiradas distintas. En el siglo XVI, se superan los 150 000 títulos.

LA IMPRENTA, CATALIZADOR DE LOS CAMBIOS DE LA SOCIEDAD

Además del objeto del libro, la imprenta fue el catalizador de cambios radicales en la sociedad, que sobre todo se producen a causa de la mayor difusión de los conocimientos.

El descubrimiento de la imprenta se asocia rápidamente con el triunfo del Renacimiento, un periodo que se considera que rompe con la Edad Media y que se caracteriza por una relación privilegiada con la Antigüedad, la modernidad y el espíritu humanista. Sin embargo, hay que destacar el papel relevante de los textos religiosos en la producción literaria: antes de 1468, las publicaciones religiosas representaban el 73 % de la producción, frente al 19 % dedicadas a los textos humanistas. Además, los primeros impresores recurren en gran medida al repertorio de textos medievales para ponerlos a disposición de una clientela más amplia. A partir del siglo XVI, el porcentaje dedicado a las obras religiosas se reduce y asistimos al triunfo del espíritu humanista, con la multiplicación de las ediciones eruditas y de los textos antiguos.

Asimismo, la imprenta también desempeña un papel fundamental en el nacimiento y el desarrollo de la Reforma, que conduce a una escisión de la Iglesia católica romana y de la Iglesia protestante. Iniciada por Martín Lutero (teólogo alemán, 1483-1546) en Alemania en 1517, seguida por Ulrico Zuinglio (1484-1531) en Zúrich, por Martín Bucero (1491-1551) en Estrasburgo y por Juan Calvino (1509-1564) en París y Ginebra, las ideas de los reformadores llegan a la mayor parte de Europa noroccidental. La imprenta permite la difusión de sus doctrinas, así como las ediciones de la Biblia en lenguas vulgares contribuyen a establecer un contacto directo con los lectores, lo que les permite reflexionar sobre el significado de los textos sagrados.

LA REVOLUCIÓN GUTENBERGUIANA EN LA HISTORIA

La innovación que introduce Johannes Gutenberg marca un verdadero punto de inflexión en la historia europea de las modalidades de comunicación y en la historia de la humanidad, transformando el día a día de la población. Para expandirse, no solo ha necesitado ser viable en el plano técnico y económico, sino que también ha tenido que responder a una demanda y ha hecho falta que contara con las condiciones de producción y de distribución necesarias para su aparición.

Sin embargo, esta no es la única revolución de la comunicación escrita. En el siglo XIX, el desarrollo de la Revolución Industrial conlleva una serie de profundas transformaciones técnicas y estructurales. El recurso a la estereotipia, la mecanización progresiva de las prensas y el desarrollo de la rotativa son innovaciones muy importantes que permiten aumentar considerablemente las tiradas y romper definitivamente con la antigua prensa manual.

Prensa rotativa de seis cilindros de Hoe de la década de 1860.

Los cambios estructurales que incumben a la organización del mundo editorial son características que prefiguran la cultura de masas. En este momento, los medios de producción están concentrados y requieren la intervención del capitalismo financiero en los negocios editoriales, mientras el auge y la competencia de la prensa periódica se concretan.

La última revolución de los medios hasta la fecha, igualmente radical y todavía vigente hoy en día, aparece en la década de 2000 con la banalización de las telecomunicaciones y de la informática. La edición electrónica, al liberarse del papel, introduce una ruptura todavía más radical que la de la invención de Gutenberg que, sin romper con la forma del manuscrito, tenía el único objetivo de producir libros más rápidamente y con un coste más bajo. Los nuevos soportes multimedia —entre los cuales destaca el libro digital— desmaterializan la página impresa, por lo que alteran la producción y la reproducción de los textos, la manipulación de los libros y, además, las prácticas de lectura. Sin embargo, el libro de papel sigue siendo una herramienta eficaz, siempre asociada con el placer de la lectura. De este modo, los observadores más perspicaces anuncian que, al menos durante las próximas décadas, es probable que convivan ambas formas de libro, al tiempo que afirman que estas tecnologías impondrán indudablemente una nueva relación física e intelectual con los textos.

Estas perspectivas invitan a cuestionarse el status y las extensiones de las innovaciones técnicas, así como el sentimiento de ruptura que la imprenta ha podido originar para los contemporáneos de Gutenberg.

- Johannes Gutenberg nace alrededor del año 1399 en Maguncia, en el seno de una próspera familia de patricios. Parece que de joven se habría iniciado al trabajo de los metales.
- Entre 1444 y 1448 se instala en Estrasburgo, donde lleva a cabo distintas investigaciones sobre procesos industriales que implican la reproducción de objetos en serie. Algunos de estos objetos podrían estar vinculados con la imprenta.
- En 1450, Gutenberg se asocia con Johann Fust, que financia el proyecto de impresión de la Biblia de 42 líneas, obra maestra del arte tipográfico. La primera obra se produce en las prensas del taller de Maguncia en 1455.
- A pesar de este éxito, la asociación se disuelve tras algunos conflictos jurídicos, que arruinan a Gutenberg.
- Sin embargo, Gutenberg continúa su actividad de impresor en su ciudad natal hasta 1458 y publica algunos libros populares. Asolado por las deudas, termina poniendo punto final a su actividad y vive retirado hasta que muere en 1468.
- La invención de la tipografía móvil permanece relativamente en secreto durante los primeros 15 años posteriores a su creación, pero luego se propaga rápidamente por toda Europa tras el asedio de la ciudad de Maguncia.
- Alrededor del año 1500, el libro impreso pasa a ser la referencia, destronando definitivamente al manuscrito como vía de comunicación intelectual.
- El invento de Gutenberg constituye una verdadera revolu-

ción que facilita la circulación de las ideas y de los textos. La producción en serie de libros impresos favorece, tanto a corto como a medio plazo, el triunfo del humanismo del Renacimiento, así como el desarrollo de las ideas del protestantismo.

¡Tu opinión nos interesa!
¡Deja un comentario en la página web de tu librería en línea,
y comparte tus favoritos en las redes sociales!

PARA IR MÁS ALLÁ

FUENTES BIBLIOGRÁFICAS

- Barbier, Frédéric. 2006. *L'Europe de Gutenberg. Le livre et l'invention de la modernité occidentale*. París: Belin.
- Barbier, Frédéric. 2009. *Histoire du livre*. París: Armand Colin.
- Bechtel, Guy. 1992. *Gutenberg*. París: Fayard.
- Dédame, Roger. 2004. *Une histoire du livre. De Gutenberg au multimédia*. París: Temps des cerises.
- Febvre, Lucien y Henri-Jean Martin. 1999. *L'apparition du livre*. París: Albin Michel.
- Gilmont, Jean-François. 1998. *Le livre, du manuscrit à l'ère électronique*. Lieja: Éditions du Céfal.
- Hamman, Adalbert-Gautier. 1985. *L'épopée du livre*. París: Perrin.
- Martin, Henri-Jean. 1982. "La révolution de l'imprimé". *Histoire de l'édition française*, vol. 1, 145-161. París: Promodis.
- Needham, Paul. 2002. "Johannes Gutenberg et l'invention de l'imprimerie en Europe". *Les trois révolutions du livre. Catalogue de l'exposition du musée des Arts et Métiers*, 181-187. París: Imprimerie nationale.
- Schuwer, Philippe, Daniel Péchoin y Pascal Fouché. 2002. *Dictionnaire encyclopédique du livre*. París: Éditions du cercle de la Librairie.

FUENTES COMPLEMENTARIAS

- Eisenstein, Elizabeth Lewisohn. 2003. *La révolution de l'imprimé à l'aube de l'Europe moderne*. París: Éditions Pluriel.
- Guignard, Jacques. 1960. *Gutenberg et son œuvre*. París: Éditions Estienne.
- Ing, Janet. 1988. *Johann Gutenberg and His Bible. A Historical Study*. Nueva York: The Typophiles.
- Jourquin, Jacques. 1988. *Gutenberg, de l'or au plomb*. París: Jacques Damase.
- McLuhan, Marshall. 1977. *La galaxie Gutenberg. La genèse de l'homme typographique*. París: Gallimard.
- Scholderer, Victor. 1970. *Johann Gutenberg, the Inventor of Printing*. Londres: British Museum.
- Todd, William Burton. 1982. *The Gutenberg Bible. New Evidence of the Original Printing*. Chapel Hill: Hanes Foundation y The University of North Carolina.

FUENTES ICONOGRÁFICAS

- Retrato de Gutenberg. La imagen reproducida está libre de derechos.
- Extracto del Génesis de la Biblia de 42 líneas de Gutenberg. La imagen reproducida está libre de derechos.
- *Gutenberg inventant l'imprimerie* (Gutenberg inventando la imprenta), cuadro de Jean Antoine Laurent, 1831. La imagen reproducida está libre de derechos.
- Tipos móviles de metal. La imagen reproducida está libre de derechos.

- Grabado de madera de Jan van der Straet que representa un taller de impresión en el siglo XVI. La imagen reproducida está libre de derechos.
- Prensa rotativa de seis cilindros de Hoe de la década de 1860. La imagen reproducida está libre de derechos.

PELÍCULAS Y DOCUMENTALES

- *L'Invention de Gutenberg: les débuts de la typographie.* Dirigido por el Centre national de documentation pédagogique. Francia: 1979.
- *Le temps d'un portrait: Gutenberg.* Dirigido por el Centre national de documentation pédagogique. Francia: 1995.
- *Discovering Sixteenth Century Strasbourg.* Dirigida por Nick Levinson y Tim Benton. Estados Unidos: 1989.

en50MINUTOS.es
Historia
Economía y empresa
Coaching
Book Review
Salud y bienestar
EL DIAGRAMA DE ISHIKAWA
Material
Método
Máquina
Madre Naturaleza
Medida
Hombres
LA GUERRA DE PALESTINA DE 1948
DOMINA EL ARTE DEL NETWORKING

www.en50Minutos.es

ISBN ebook: 9782806278449

ISBN papel: 9782806295354

Depósito legal: D/2017/12603/160

Cubierta: © Primento

Libro realizado por <u>Primento</u>, *el socio digital de los editores*